Padre Raniero Cantalamessa O.F.M. Cap.

ENAMORADO DE CRISTO

Padre Raniero Cantalamessa O.F.M. Cap.

ENAMORADO DE CRISTO
El secreto de Francisco de Asís

Roma 2014

ISBN-13: 978-0692241424
ISBN-10: 0692241426

PRESENTACIÓN

La ola de entusiasmo y simpatía que ha despertado la elección del nombre de Francisco de parte del nuevo Papa, me ha sugerido la idea de dedicar al santo de Asís la meditación a la casa Pontificia en el adviento del 2013, la primera en presencia del Papa Francisco.

La razón no era celebrativa, sino eclesial y espiritual: tratar de ver qué cosa este santo, que vivió al inicio del siglo XIII, tiene todavía que decir a la Iglesia de hoy, sobre todo acerca de un tema tan querido al nuevo Papa el regreso simple y radical al Evangelio. En su libro *Verdadera y falsa reforma de la Iglesia* el teólogo Yves Congar ve en Francisco de Asís el ejemplo más claro de reforma de la Iglesia por vía de la santidad y no de la crítica.

Presentadas a un público particular, constituido del Papa, Cardenales, Obispos, prelados de la Curia romana y superiores generales de Órdenes religiosas, las reflexiones son nacidas pensando en toda la Iglesia y son, pienso, accesibles a todos. Francisco es el hombre universal; en vida hablaba a todos doctores e ignorantes, hasta, según la Leyenda franciscana, a los pájaros y al lobo. De Francisco no se puede hablar si no "franciscanamente", en manera simple, directa y poética.

Es conocida la pregunta que Fray Maseo dirige un día a quemarropa a Francisco: " Por qué todos a ti? Por qué todo el mundo va detrás de ti?" El interrogativo se pone hoy con mayor razón: porque el mundo que va tras el santo, no es más, como en tiempo de Fray Maseo, el pequeño mundo de la Italia Central, sino literalmente todo el mundo, comprendidos muchos no creyentes y creyentes de otras religiones.

La respuesta que el santo da a Fray Maseo: "Porque los ojos de Dios no han encontrado sobre la tierra un pecador más vil ni más inútil que yo", hoy parece subjetivamente sincera (el estaba convencido de lo que decía!), pero objetivamente no es verdadera, o al menos incompleta. El mundo va tras Francisco de Asís no porque ve en él un gran pecador convertido, sino porque ve realizados en él aquellos valores que todos secretamente aspiramos: la paz, la libertad, la fraternidad, la sintonía con todo lo creado.

Las reflexiones que, respondiendo al deseo de la agencia Zenit, ofrezco a un público más amplio de aquel inicial, se proponen de mostrar que existe otro motivo, el más importante de todos y que está al origen de todo, por lo que todo el mundo va tras Francisco de Asís. "Después de mi muerte, ha escrito Kierkegaard, no se encontrará en mis cartas una sola explicación de lo que en verdad ha llenado mi vida. No se encontrará en los recónditos de mi alma aquel texto que lo explica todo". No se puede decir la misma cosa de Francisco de Asís. La explicación de lo que ha llenado su vida, la palabra que explica todo en él, en una palabra su "secreto", existe y es clarísimo: se llama Jesucristo. El recuerda al mundo Jesús de Nazareth, es un icono viviente de él; ha estado en manera eminente y única, aquello que, según san Pablo, debe ser cada cristiano: el buen perfume de Cristo en el mundo".

I

FRANCISCO DE ASÍS
Y EL RETORNO AL EVANGELIO

La intención de esta primera predicación, es destacar la naturaleza de la vuelta al Evangelio realizada por Francisco de Asís. El teólogo Yves Congar, en su estudio sobre la *Verdadera y falsa reforma en la Iglesia* ve en Francisco el ejemplo más claro de reforma de la Iglesia por medio de la santidad[1]. Nos gustaría entender en qué consistió su reforma a través de la santidad y qué comporta su ejemplo en cada

---

[1] Y. Congar, *Vera e falsa riforma nella Chiesa*, Jaka Book, Milano 1972, p. 194.

época de la Iglesia, incluida la nuestra.

1. La conversión de Francesco

Para entender algo de la aventura de Francisco es necesario entender su conversión. De tal evento existen en las fuentes distintas descripciones con notables diferencias entre ellas. Por suerte tenemos una fuente fiable que nos permite prescindir de tener que elegir entre las distintas versiones. Tenemos el testimonio del mismo Francisco en su testamento, su ipsissima vox, como se dice de las palabras que seguramente fueron pronunciadas por Jesús en el Evangelio. Dice:

"El Señor me dio de esta manera, a mí hermano Francisco, el comenzar a hacer penitencia; porque, como estaba en pecados, me parecía extremamente amargo ver a leprosos. Y el Señor mismo me condujo entre ellos, y practiqué la misericordia con ellos. Y, al separarme de los mismos, aquello que me parecía amargo, se me convirtió en dulzura del alma y del cuerpo; y, después me detuve un poco, y salí del siglo"[2].

Y sobre este texto justamente se basan los historiadores, pero con un límite para ellos intransitable. Los históricos, aun los que tienen las mejores intenciones, y los más respetuosos con la peculiaridad de la historia de Francisco, como ha sido entre los italianos Raoul Manselli, no consiguen entender el porqué último de su cambio radical. Se quedan - y justamente por respeto a su método - en el umbral, hablando de un "secreto de Francisco", destinado a quedar así para siempre[3].

Lo que se consigue constatar históricamente es la decisión de Francisco de cambiar su estado social. Perteneciendo a la clase alta, él eligió colocarse en el extremo opuesto, compartiendo la vida de los últimos, que no

---

[2] *Testamento*, 1-2 (*San Francisco de Asís. Escritos. Biografías. Documentos de la época*, BAC, Madrid 1993, 121 s.).

[3] Cf. R. Manselli, *San Francesco d'Assisi*, San Paolo, 2002, 114 s.

contaban nada, los llamados *menores*, afligidos por cualquier tipo de pobreza.

Los historiadores insisten, justamente, sobre el hecho de que Francisco, al inicio, no eligió la pobreza y menos aún el pauperismo; ¡eligió a los pobres! El cambio está motivado más por el mandamiento; "¡Ama a tu prójimo como a ti mismo!", que no por el consejo: "Si quieres ser perfecto, ve, vende todo lo que tienes y dáselo a los pobres, luego ven y sígueme". Era la compasión por la gente pobre, más que la búsqueda de la propia perfección la que lo movía; la caridad más que la pobreza.

Todo esto es verdad, pero no toca todavía el fondo del problema. Es el efecto del cambio, no la causa. La elección verdadera es mucho más radical: no trató de elegir entre riqueza y pobreza, ni entre ricos o pobres, o entre pertenecer a una clase social o a otra, sino de elegir entre sí mismo y Dios, entre salvar la propia vida o perderla por el Evangelio.

Ha habido algunos (por ejemplo, en tiempos cercanos a nosotros, Simone Weil) que han llegado a Cristo partiendo del amor a los pobres y ha habido otros que han llegado a los pobres partiendo del amor a Cristo. Francisco pertenece a estos segundos. El motivo profundo de su conversión no es de naturaleza social, sino evangélica. Jesús había formulado la ley una vez por todas con una de las frases más solemnes y seguramente más auténticas del Evangelio: "Si alguno quiere venir en pos de mí, niéguese a sí mismo, tome su cruz y sígame. Porque quien quiera salvar su vida, la perderá, pero quien pierda su vida por mí, la encontrará" (Mt 16, 24-25).

Francisco, besando al leproso, ha renegado de sí mismo en lo que era más *amargo* y repugnante para su naturaleza. Se ha hecho violencia a sí mismo. El detalle no se le ha escapado a su primer biógrafo que describe así el episodio:

"Mientras aún permanecía en el siglo, se topó cierto día con un leproso, y, superándose a sí mismo, se llegó a él y le dio un beso. Desde este momento comenzó a tenerse más y más en menos, hasta que, por la misericordia del Redentor, consiguió la total victoria sobre sí mismo"[4].

Francisco no fue por voluntad propia hacia los leprosos, movido por una compasión humana y religiosa. "El Señor, escribe, me condujo entre ello". Y sobre este pequeño detalle que los historiadores no saben - ni podrían - dar un juicio, sin embargo, está al origen de todo. Jesús había preparado su corazón de forma que su libertad, en el momento justo, respondiera a la gracia. Para esto sirvieron el sueño de Spoleto y la pregunta sobre si prefería servir al siervo o al patrón, la enfermedad, el encarcelamiento en Perusa y esa inquietud extraña que ya no le permitía encontrar alegría en las diversiones y le hacía buscar lugares solitarios.

Aún sin pensar que se tratara de Jesús en

---

[4] Celano, Primera vida, VII, 17 (Escritos, 151 s).

persona bajo la apariencia de un leproso (como harán otros más tarde, influenciados por el caso análogo que se lee en la vida de san Martín de Tours)[5], en ese momento el leproso para Francisco representaba a todos los efectos a Jesús. ¿No había dicho él: *A mí me lo hicisteis?* En ese momento eligió entre sí y Jesús. La conversión de Francisco es de la misma naturaleza que la de Pablo. Para Pablo, a un cierto punto, lo que primero había sido una ganancia cambió de signo y se convirtió en una *pérdida a causa de Cristo* (Fil 3, 5 ss); para Francisco lo que había sido amargo se convirtió en dulzura, también aquí *a causa de Cristo*. Después de este momento, ambos pudieron decir: *Ya no soy yo quien vive, sino que es Cristo quien vive en mí.*

Todo esto nos obliga a corregir una cierta imagen de Francisco hecha popular por la literatura posterior y acogida por Dante en la Divina Comedia. La famosa metáfora de las bodas de Francisco con la Dama Pobreza que

------

[5] Cf. Celano, *Segunda vida*, V, 9 (Escritos, 235).

ha dejado huellas profundas en el arte y en la poesía franciscanas puede ser engañosa. No se enamora de una virtud, aunque sea la pobreza; se enamora de una persona. Las bodas de Francisco han sido, como las de otros místicos, un desposorio con Cristo.

A los compañeros que le preguntaban si pensaba casarse, viéndolo una tarde extrañamente ausente y luminoso, el joven Francisco respondió: "Tomaré la esposa más noble y bella que hayáis visto". Esta respuesta normalmente es mal interpretada. Por el contexto parece claro que la esposa no es la pobreza, sino el tesoro escondido y la perla preciosa, es decir Cristo: "En efecto, la inmaculada esposa de Dios es la verdadera Religión que abrazó, y el tesoro escondido es el reino de los cielos, que tan esforzadamente él buscó"[6].

Francisco no se casó con la pobreza ni con los pobres; se casó con Cristo y fue por su

---

[6] Celano, *Primera vida*, III, 7 (Escritos, 146).

amor que se casó, por así decir, *en segundas nupcias*, con la Dama Pobreza. Así será siempre en la santidad cristiana. A la base del amor por la pobreza y por los pobres, o hay amor por Cristo, o los pobres serán en un modo u otro instrumentalizados y la pobreza se convertirá fácilmente en un hecho polémico contra la Iglesia o una ostentación de mayor perfección respecto a otros en la Iglesia, como sucedió, lamentablemente, también a algunos seguidores del Pobrecillo. En uno y otro caso, se hace de la pobreza la peor forma de riqueza, la de la propia justicia.

2. Francisco y la reforma de la Iglesia

¿Cómo ocurrió que de un acontecimiento tan íntimo y personal como fue la conversión del joven Francisco, comience un movimiento que cambió en su tiempo el rostro de la Iglesia y ha influido tan fuertemente en la historia, hasta nuestros días?

Es necesario mirar la situación de aquel tiempo. En la época de Francisco la reforma de la Iglesia era una exigencia advertida más o menos conscientemente por todos. El cuerpo de la Iglesia vivía tensiones y laceraciones profundas. Por una parte estaba la Iglesia institucional - papa, obispos, alto clero - desgastada por sus continuos conflictos y por sus excesivas y estrechas alianzas con el imperio. Se trataba de una Iglesia percibida como lejana, comprometida en asuntos terrenales que nada tenían que ver con los intereses de la gente. También las grandes órdenes religiosas, como los Cistercienses, a menudo prósperas por cultura y espiritualidad, después de las varias reformas del siglo XI, eran identificadas inevitablemente con los grandes propietarios de terrenos, los feudales del tiempo, cercanos y al mismo tiempo lejanos, del pueblo común.

Había también fuertes tensiones que cada uno buscaba aprovechar para sus propias ventajas. La jerarquía buscaba responder a estas tensiones mejorando la propia organización y reprimiendo los abusos, tanto en su interior (lucha contra la simonía y el concubinato de los sacerdotes) como en el exterior, en la sociedad. Los grupos hostiles intentaban, sin embargo, hacer explotar las tensiones, radicalizando el contraste con la jerarquía dando origen a movimientos más o menos cismáticos. Todos izaban contra la Iglesia el ideal de la pobreza y sencillez evangélica haciendo de esto un arma polémica, más que un ideal espiritual para vivir en la humildad, llegando a poner en discusión también el ministerio ordenado de la Iglesia, el sacerdocio y el papado.

Nosotros estamos acostumbrados a ver a Francisco como el hombre providencial que capta estas demandas populares de renovación, las libera de cualquier carga polémica y las pone en práctica en la Iglesia en profunda comunión y sometido a ella. Francisco, por tanto, como una especie de mediador entre los heréticos rebeldes y la Iglesia institucional. En un conocido manual de historia de la Iglesia así se presenta su misión:

"Dado que la riqueza y el poder de la Iglesia aparecían con frecuencia como una fuente de males graves y los herejes de la época aprovechaban este argumento como una de las principales acusaciones contra ella, en algunas almas piadosas se despertó el noble deseo de restaurar la vida pobre de Jesús y de la Iglesia primitiva, para poder así influir de manera más efectiva en el pueblo con la palabra y con el ejemplo"[7].

Entre estas almas es colocada naturalmente en primer lugar, junto con santo Domingo, Francisco de Asís. El historiador protestante Paul Sabatier, tan meritorio en el campo de los estudios franciscanos, ha vuelto casi canónica entre los historiadores, y no solamente entre aquellos laicos y protestantes, la tesis según la cual el cardenal Hugolino (el futuro Gregorio IX) habría querido capturar a Francisco para la Curia, neutralizando la carga crítica y revolucionaria de su movimiento[8].

---

[7] K. Bihhmeyer - H. Tuckle, *Storia della Chiesa*, II, Morcelliana, Brescia 2009, 239.

[8] Cf. P. Sabatier, *Vita di San Francesco d'Assis*i, Mondadori, Milano 1978. (Ed. original, París 1894).

En práctica, el intento de hacer de Francisco un precursor de Lutero, o sea, un reformador por la vía de la crítica y no por la vía de la santidad.

No sé si esta intención se pueda atribuir a alguien de los grandes protectores y amigos de Francisco. Me parece difícil atribuirla al cardenal Hugolino y aún menos a Inocencio III, del que es conocida la acción reformadora y el apoyo dado a las diversas formas nuevas de vida espiritual que nacieron en su tiempo, incluidos los frailes menores, los dominicos, los humillados milaneses. Una cosa de todos modos es absolutamente segura: aquella intención nunca había rozado la mente de Francisco. Él no pensó nunca haber sido llamado a reformar la Iglesia.

Hay que tener cuidado de no sacar conclusiones equivocadas de las famosas palabras del Crucifijo de San Damián: "Ve Francisco y repara mi Iglesia, que como ves se está cayendo a pedazos"[9]. Las

[9] Celano, *Segunda vida*, VI, 10 (*Escritos*, 235 s.).

fuentes mismas nos aseguran que él entendía estas palabras en el sentido modesto de tener que reparar materialmente la iglesita de San Damián. Fueron los discípulos y biógrafos que interpretaron estas palabras - y es necesario decirlo, de manera correcta - como referidas a la Iglesia institución y no sólo a la iglesia edificio. Él se quedó siempre en la interpretación literaria y de hecho siguió reparando otras iglesitas de los alrededores de Asís que estaban en ruinas.

También el sueño en el cual Inocencio III habría visto al Pobrecillo sostener con su hombro la Iglesia tambaleante del Laterano no añade nada nuevo. Suponiendo que el hecho sea histórico (un episodio análogo se narra también sobre santo Domingo), el sueño fue del Papa y no de Francisco. Él nunca se vio como lo vemos nosotros hoy en el fresco de Giotto. Esto significa ser reformador por la vía de la santidad, serlo sin saberlo.

3. Francisco y el retorno al evangelio

¿Si no quiso ser un reformador entonces qué quiso ser Francisco? También sobre esto contamos con la suerte de tener un testimonio directo del Santo en su Testamento:

> "Y después que el Señor me dio hermanos, nadie me enseñaba qué debería hacer, sino que el Altísimo mismo me reveló que debería vivir según la forma del santo Evangelio. Y yo hice que se escribiera en pocas palabras y sencillamente, y el señor Papa me lo confirmó"[10].

Alude al momento en el cual, durante una misa, escuchó la frase del Evangelio donde Jesús envía a sus discípulos: "Les mandó a anunciar el reino de Dios y a curar a los enfermos. Y les dijo: "No llevéis nada para el viaje: ni bastón, ni bolsa, ni pan, ni dinero, y no tengáis una túnica de recambio" (Lc 9, 2-3)[11].

---

[10] *Testamento*, 14-15 (*Escritos*, 122).

[11] *Leyenda de los tres compañeros*, VIII, 25 (*Escritos*, 547).

Fue una revelación fulgurante de esas que orienta toda una vida. Desde aquel día fue clara su misión: un regreso simple y radical al evangelio real, el que vivió y predicó Jesús. Recuperar en el mundo la forma y estilo de vida de Jesús y de los apóstoles descrito en los evangelios. Escribiendo la regla para sus hermanos iniciará así: "La regla y la vida de los frailes menores es esta, a saber, observar el Santo Evangelio del Señor nuestro Jesucristo".

Francisco teorizó este descubrimiento suyo, haciendo el programa para la reforma de la Iglesia. Él realizó en sí la reforma y con ello indicó tácitamente la única vía para salir de la crisis: acercarse nuevamente al Evangelio y a los hombres, en particular, a los pobres y humildes.

Este retorno al Evangelio se refleja sobre todo en la predicación de Francisco. Es sorprendente pero todos lo han notado: el Pobrecillo habla casi siempre de *hacer penitencia*. A partir de entonces, nos los cuenta Tomás de Celano, con gran fervor y exultación comenzó a predicar la penitencia, edificando a todos con la simplicidad de su palabra y la magnificencia de su corazón. Adonde iba Francisco decía, recomendaba, suplicaba que hicieran penitencia.

¿Qué quería decir Francisco con esta palabra que amaba tanto? Sobre esto hemos caído (al menos yo he caído por mucho tiempo) en un error. Hemos reducido el mensaje de Francisco a una simple exhortación moral, a un golpearse el pecho, a afligirse y mortificarse para expiar los pecados, mientras esto es mucho mas profundo y tiene toda la novedad del Evangelio de Cristo. Francisco no exhortaba a hacer penitencias, sino a hacer *penitencia* (¡en singular!) que, como veremos, es otra cosa.

El Pobrecillo, salvo los pocos casos que conocemos, escribía en latín. Y qué encontramos en el texto latino de su Testamento, cuando escribe: *"El Señor me dio, de esta manera, a mí el hermano Francisco, el comenzar a hacer penitencia"*. Encontramos la expresión poenitentiam agere. A él se sabe, le gustaba expresarse con las mismas palabras de Jesús. Y aquella palabra -hacer penitencia- es la palabra con la cual Jesús inició a predicar y que repetía en cada ciudad y pueblo al que iba.

"Después que Juan fue puesto en la prisión, Jesús fue a Galilea, predicando el Evangelio de Dios y diciendo: el tiempo se ha cumplido y el reino de Dios está cerca, convertíos y creed en el Evangelio" (Mc 1,15).

La palabra que hoy se traduce por *convertíos* o *arrepentíos*, en el texto de la Vulgata usado por el Pobrecillo, sonaba *poenitemini* y en el libro de Hechos 2, 37 aún más literalmente *poenitentiam agite*, haced penitencia. Francisco no hizo otra cosa que relanzar la gran llamada a la conversación con la cual se abre la predicación de Jesús en el Evangelio y la de los apóstoles en el día de Pentecostés. Lo que él quería decir con *conversión* no necesitaba que se lo explique:

su vida entera lo mostraba.

Francisco hizo en su momento aquello que en la época del concilio Vaticano II se entendía con la frase "abatir los bastiones": Romper el aislamiento de la Iglesia, llevarla nuevamente al contacto con la gente. Uno de los factores de oscurecimiento del Evangelio era la transformación de la autoridad entendida como servicio y la autoridad entendida como poder, lo que había producido infinitos conflictos dentro y fuera de la Iglesia. Francisco, por su parte, resuelve el problema en sentido evangélico. En su orden los superiores se llamarán ministros, o sea, siervos, y todos los otros frailes, hermanos.

Otro muro de separación entre la Iglesia y el pueblo era la ciencia y la cultura de la cual el clero y los monjes tenían en práctica el monopolio. Francisco lo sabe y por lo tanto toma la drástica posición que sabemos sobre este punto. El no está en contra de la ciencia-conocimiento, sino contra la ciencia-poder, aquella que privilegia a quién sabe leer sobre quien no sabe leer y le permite mandar con altanería al hermano: "¡Traedme el breviario!" Durante el famoso capítulo de las esteras, en el cual algunos de sus hermanos querían obligarle a adecuarse a la actitud de las órdenes cultas del tiempo, responde con palabras de fuego que dejan a los frailes llenos de temor:

"Hermanos, hermanos míos, Dios me llamó a caminar por la vía de la simplicidad. No quiero que me mencionéis regla alguna ni la de San Agustín, ni la de San Bernardo, ni la de San Benito. El Señor me dijo que quería hacer de mi un nuevo loco en el mundo, y el Señor no quiso llevarnos por otra sabiduría que esta. De vuestra ciencia y saber se servirá Dios para confundiros"[12].

Siempre la misma actitud coherente. Él quiere para sí y para sus hermanos la pobreza más rígida, pero en la Regla escribe:

"Amonesto y exhorto a todos ellos a que no

---

[12] *Leyenda Perusina*, 18 (*Escritos*, 611).

desprecien ni juzguen a quienes ven que se visten de prendas muelles y de colores y que toman manjares y bebidas exquisitos; al contrario, cada uno júzguese y desprécíese a sí mismo"[13].

Elige ser un iletrado, pero no condena la ciencia. Una vez que se ha asegurado de que la ciencia no extingue "el espíritu de la santa oración y devoción", será él mismo el que permita a Fray Antonio (el futuro santo Antonio de Padua) que se dedique a la enseñanza de la teología, y san Buenaventura no creerá que traiciona el espíritu del fundador, abriendo la Orden a los estudios en las grandes universidades.

Yves Congar ve en esto una de las condiciones esenciales para la *verdadera reforma* en la Iglesia, la reforma, es decir, que se mantiene como tal y no se transforma en cisma: a saber la capacidad de no absolutizar la propia intuición, sino permanecer solidariamente con el todo que

[13] *Regla Bulada*, cap. II (*Escritos*, 111).

es la Iglesia[14]. La convicción, dice el papa Francisco, en su reciente exhortación apostólica *Evangelii Gaudium*, que "el todo es superior a la parte".

4. Cómo imitar a Francisco

¿Qué nos dice hoy la experiencia de Francisco? ¿Qué podemos imitar de él en este momento cada uno de nosotros? Sea aquellos a quien Dios llama a reformar la Iglesia por la vía de la santidad, sea a aquellos que se sienten llamados a renovarla por la vía de la crítica, sea a aquellos que él mismo llama a reformarla por la vía del encargo que desempeñan. Lo mismo de donde ha comenzado la aventura espiritual de Francisco: su conversión a Dios, la renuncia a sí mismo. Es así que nacen los verdaderos reformadores, aquellos que cambian verdaderamente algo en la Iglesia. Los que mueren a sí mismo, o mejor aquellos que deciden seriamente morir así mismos, porque se trata de una empresa que dura toda la vida

[14] Y. Congar, *Vera e falsa riforma* cit., p. 177 ss.

y va aún más allá de ella, tal y como decía bromeando Santa Teresa de Ávila, nuestro amor propio muere veinte minutos después que nosotros.

Decía un santo monje ortodoxo, Silvano del Monte Athos: "Para ser verdaderamente libre, es necesario comenzar a atarse a sí mismos". Hombres como estos son libres de la libertad del Espíritu; nada los detiene y nada les asusta. Se vuelven reformadores por la vía de la santidad y no solamente debido a su cargo.

¿Pero qué significa la propuesta de Jesús de negarse a sí mismo?, ¿se puede aún proponer a un mundo que habla solamente de autorrealización y autoafirmación? La negación no es un fin en sí mismo, ni un ideal en sí mismo. Lo cosa más importante es la positiva: *si alguno quiere venir en pos de mí*; es seguir a Cristo, tener a Cristo. Decir no a sí mismo es el medio de decir sí a Cristo que es el fin. Pablo lo presenta como una especie de ley del espíritu: "Si por el Espíritu hacéis morir las obras de la carne, viviréis" (Rom 8, 13). Esto, como se puede ver, es un morir para vivir, es lo opuesto a la visión filosófica según la cual la vida humana es "un vivir para morir" (Heidegger).

Se trata de saber que fundamento queremos dar a nuestra existencia: si nuestro *yo o Cristo*; en el lenguaje de Pablo, si queremos vivir para nosotros mismos o para el Señor (cf. 2 Cor 5, 15; Rom 14, 7-8). Vivir *para uno mismo* significa vivir para la propia comodidad, la propia gloria, el propio progreso; vivir *para el Señor* significa colocar siempre en el primer lugar, en nuestras intenciones, la gloria de Cristo, los intereses del Reino y de la Iglesia. Cada *no*, pequeño o grande, dicho a uno mismo por amor, es un sí dicho a Cristo.

Sólo hay que evitar hacerse ilusiones. No se trata de saber todo sobre la negación cristiana, su belleza y necesidad; se trata de pasar a la acción, a la práctica. Un gran maestro de espiritualidad de la antigüedad decía:

"Es posible quebrar diez veces la propia voluntad en un tiempo brevísimo; y os digo cómo: uno está paseando y ve algo; su pensamiento le dice: "mira allí", pero él responde a su pensamiento: "no, no miro", y así quiebra su propia voluntad. Después se encuentra con otros que están hablando (lee, hablando mal de alguien) y su pensamiento le dice: "di tú también lo que sabes", y quiebra su voluntad callando"[15].

Este antiguo Padre, como puede apreciarse, toma todos sus ejemplos de la vida monástica. Pero estos se pueden actualizar y adaptar fácilmente a la vida de cada uno, clérigos y laicos. Encuentras, si no a un leproso como Francisco, a un pobre que sabes que te pedirá algo; tu hombre viejo te empuja a cambiar de acera, y sin embargo tú te violentas y vas a su encuentro, quizás regalándole sólo un saludo y una sonrisa, si no puedes nada más. Tienes la oportunidad de una ganancia ilícita: dices que no y te has negado a ti mismo. Has sido

---

[15] Doroteo de Gaza, *Obras espirituales*, I, 20 (SCh 92, 177).

contradicho en una idea tuya; picado en el orgullo, quisieras argumentar enérgicamente, callas y esperas: has quebrado tu yo. Crees haber recibido un agravio, un trato o un destino inadecuado a tus méritos: quisieras hacerlo saber a todos, encerrándote en un silencio lleno de reproches. Dices que no, rompes el silencio, sonríes y retomas el diálogo. Te has negado a ti mismo y has salvado la caridad. Y así sucesivamente.

Un signo de que se está en un buen punto en la lucha contra el propio yo, es la capacidad o al menos el esfuerzo de alegrarse por el bien hecho o la promoción recibida por otro, como si se tratara de uno mismo.

Una meta difícil (desde luego, ¡no hablo como alguien que lo ha logrado!), pero la vida de Francisco, nos ha mostrado lo que puede nacer de una negación de uno mismo hecha como respuesta a la gracia. La meta final es poder decir con Pablo y con él: "Ya no soy yo quien vive, sino que es Cristo quien vive en mí" (Gal 2, 20). Y serán la alegría y la paz plenas, ya en esta tierra. San Francisco con su verdadera alegría, es un testimonio vivo de la alegría que viene del Evangelio, (*Evangelii Gaudium*) de la que nos ha hablado el Papa Francisco.

II

LA HUMILDAD
COMO VERDAD Y COMO SERVICIO
EN FRANCISCO DE ASÍS

1. Humildad objetiva y humildad subjetiva

Escuchamos un episodio de la vida de san Francisco en el estilo inconfundible de la *Florecillas*:

"Un día, al volver San Francisco del bosque, donde había ido a orar, el hermano Maseo quiso probar hasta dónde llegaba su humildad; le salió al encuentro y le dijo en tono de reproche: ¿Por qué a ti? ¿Por qué a ti? ¿Por qué a ti? ¿Qué quieres decir con eso? - repuso San Francisco. Y el hermano Maseo le pregunto ¿por qué todo el mundo va detrás de ti y no parece sino que todos pugnan por verte, oírte y obedecerte? Tú no eres hermoso de cuerpo, no sobresales por la ciencia, no eres noble, y entonces, ¿por qué todo el mundo va en pos de ti? Al oír esto, San Francisco sintió una gran alegría de espíritu, y estuvo por largo espacio vuelto el rostro al cielo y elevada la mente en Dios; después, con gran fervor de espíritu, se dirigió al hermano Maseo y le dijo: ¿Quieres saber por qué a mí? ¿Quieres saber por qué a mí? ¿Quieres saber por qué a mí viene todo el mundo? Esto me viene de los ojos del Dios Altísimo, que miran en todas partes a buenos y malos, y esos ojos santísimos no han visto, entre los pecadores, ninguno más vil ni más inútil, ni más grande pecador que yo"[1].

La pregunta se hace hoy con mucha mas

[1] *Las Florecillas*, X (*Escritos*, 1184 s.).

razón que en tiempos del hermano Maseo. En aquel tiempo la gente que iba detrás de Francisco no era mucha: personas de Umbría y de la Italia central; ahora en cambio, se trata literalmente de todo el mundo, incluso personas no creyentes, creyentes de otras religiones. La respuesta del santo era subjetivamente sincera, pero no objetivamente verdadera. De hecho, el mundo entero admira a Francisco de Asis porque ve realizados en él los valores que todos anelamos: la libertad, la paz con uno mismo y con toda la creacion, la alegría, la fraternidad universal.

Nosotros, sin embargo, hablaremos aquí de una virtud del santo en la que nadie se fija mínimamente, y que en cambio es la raíz de la que brotan todas la otras virtudes mencionadas, es decir su humildad. Según Dante Alighieri, toda la gloria de Francisco depende de su *haberse hecho pequeño*[2], es decir de su humildad. ¿Pero en qué ha consistido la proverbial

---

[2] *Divina Comedia*, Paraíso, XI, 111.

humildad de san Francisco?

En todas las lenguas, a través de las cuales ha pasado la Biblia hasta llegar a nosotros, es decir: hebreo, griego, latín y castellano, la palabra *humildad* tiene dos significados fundamentales: uno *objetivo* que indica bajeza, pequeñez o miseria de hecho y uno subjetivo que indica el sentimiento y el reconocimiento que se tiene de la propia pequeñez. Este último es lo que entendemos por virtud de la humildad.

Cuando en el *Magníficat* María dice: "Ha mirado la humildad (*tapeinosis*) de su sierva", entiende humildad en el sentido objetivo, ¡no subjetivo! Por esto muy oportunamente en distintas leguas, por ejemplo en alemán, el término es traducido por *pequeñez* (*Niedrigkeit*). ¿Cómo se puede entender que María exalta su humildad y atribuya ésta a la elección de Dios, sin destruir esa misma humildad? Y también, en ocasiones, se ha escrito incautamente que María no se atribuye a si misma ninguna otra virtud si no la de la humildad, como sí de este modo se hiciese un gran honor, y no un gran mal a tal virtud.

La virtud de la humildad tiene un estatuto especial: la tiene quien no cree tenerla, no la tiene quien cree tenerla. Solo Jesús puede declararse humilde de corazón y serlo verdaderamente; ésta, como veremos, es la única e irrepetible característica de la humildad del hombre-Dios. Por tanto, ¿María no tenía la virtud de la humildad? Claro que la tenía y en el grado más alto, pero esto lo sabía solo Dios, no ella. Precisamente esto es lo que constituye el mérito inigualable de la verdadera humildad: que su perfume es percibido solo por Dios, no por quien lo emana. San Bernardo escribió: "El verdadero humilde quiere ser considerado vil, no proclamado humilde"[3]. La humildad de Francisco, como nos lo ha mostrado el diálogo con el hermano Maseo era precisamente de esta calidad.

------

[3] S. Bernardo de Claraval, *Sermones sobre el Cántico,* XVI, 10 (PL 183, 853).

2. La humildad como verdad

La humildad de Francisco tiene dos fuentes de iluminación, una de naturaleza teológica y otra de naturaleza cristológica. Reflexionemos sobre la primera. En la Biblia encontramos actos de humildad que no salen del hombre, de la consideración de la propia miseria o del propio pecado, sino que tienen como única razón a Dios y su santidad. Tal es la exclamación de Isaías: *soy un hombre de labios impuros*, frente a la manifestación imprevista de la gloria y de la santidad de Dios en el templo (Is 6, 5 s); o el grito de Pedro después de la pesca milagrosa: *¡aléjate de mí que soy un pecador!* (Lc 5, 8).

Estamos delante de la humildad esencial, la de la criatura que toma conciencia de sí delante de Dios. Hasta que la persona no se mide consigo mismo, con los otros o con la sociedad, no tendrá nunca la idea exacta de lo que es; le falta la medida. "¡Qué acento infinito, ha escrito Kierkegaard, cae sobre el yo en el momento en el que obtiene como su medida a Dios"[4]. Francisco poseía de forma eminente esta humildad. Una máxima que repetía a menudo era: "Lo que un hombre es delante de Dios, eso es, y nada más"[5].

Las *Florecillas* cuentan que una noche, el hermano León quería espiar de lejos lo que hacía Francisco durante su oración nocturna en el bosque de La Verna y de lejos le oía murmurar largo rato algunas palabras. Al día siguiente el santo lo llamó, y después de reprenderlo amablemente por haber desobedecido su orden, le reveló el contenido de su oración:

"Has de saber, hermano ovejuela de Jesucristo, que, cuando yo decía las palabras que tú escuchaste, mi alma era iluminada con dos luces: una me daba la noticia y el conocimiento del Creador, la otra me daba el conocimiento de mí mismo. Cuando yo decía: "¿Quién eres tú, dulcísimo Dios mío?", me

---

[4] S. Kierkegaard, *La enfermedad mortal*, II, cap.1.

[5] *Admoniciones*, XIX; cf. S. Buenaventura, *Legenda Mayor*, VI, 1 (*Escritos*, 83, 413).

hallaba invadido por una luz de contemplación, en la cual yo veía el abismo de la infinita bondad, sabiduría y omnipotencia de Dios. Y cuando yo decía: "¿Quién soy yo", etc.?, la otra luz de contemplación me hacía ver el fondo deplorable de mi vileza y miseria"[6].

Esto era lo que pedía a Dios san Agustín y que consideraba la suma de toda la sabiduría: *Noverim me, noverim te.* Que yo me conozca a mí y que yo te conozca a ti; que yo me conozca a mí por humillarme y que yo te conozca a ti por amarte"[7].

El episodio del hermano León está ciertamente adornado, como siempre en las *Florecillas*, pero el contenido corresponde perfectamente a la idea que Francisco tenía de sí y de Dios. Es una prueba el inicio del Cántico de las Criaturas con la distancia

---

[6] *Consideraciones sobre las estigmas*, III (*Escritos*, 908).

[7] S. Agustín, *Soliloquios*, I, 1, 3; II, 1, 1 (PL 32, 870-885).

infinita que pone entre Dios "Altísimo, Omnipotente, Buen Señor, a quien se debe la alabanza, la gloria, el honor y la bendición" y el mísero moral que no es digno ni siquiera de *nombrar* a Dios, es decir, de pronunciar su nombre.

En esta luz que he llamado teológica, la humildad nos aparece esencialmente como verdad.

"Una vez estaba yo considerando por qué razón era nuestro Señor tan amigo de esta virtud de la humildad, y se me puso delante a mi parecer sin considerarlo, sino de presto esto: que es porque Dios es suma Verdad, y la humildad es andar en verdad"[8].

Es una luz que no humilla, sino al contrario, da alegría inmensa y exalta. Ser humilde de hecho no significa estar descontentos de sí y tampoco reconocer la propia miseria y la propia pequeñez. Es mirar a Dios antes que a sí mismo y medir el abismo que separa el

---

[8] S. Teresa de Ávila, *Castillo interior*, VI, cap. 10.

finito del infinito. Cuanto más conciencia toma una de esto, más humilde se hace. Por tanto, se comienza a regocijar de la nada, ya que es gracias a esto que se puede ofrecer a Dios un rostro cuya pequeñez y miseria ha fascinado desde la eternidad el corazón de la Trinidad.

Una gran discípula del Pobrecillo, que el Papa Francisco ha proclamado santa hace poco tiempo, Ángela de Foliño, cercana a la muerte exclamó: "¡Oh nada desconocida, oh nada desconocida! El alma no puede tener una visión mejor en este mundo que contemplar la propia nada y vivir en ésta como en la celda de una cárcel"[9]. Hay un secreto en este consejo, una verdad que se aprende por experiencia. Se descubre entonces que existe de verdad esa celda y que se puede entrar realmente cada vez que se quiera. Ésta consiste en el sentimiento quieto y tranquilo de ser una nada delante de Dios, ¡pero una nada amada por Él!

Cuando se está dentro de la celda de esta

---

[9] *Il libro della B. Angela da Foligno,* Quaracchi, 1985, p. 737.

cárcel luminosa, no se ven los defectos del prójimo, o se ven con otra luz. Se entiende que es posible, con la gracia y con el ejercicio, realizar lo que dice el Apóstol y que parece, a primera vista, excesivo, es decir "considerar a todos los otros superiores a uno mismo" (cf. Fil 2, 3), o al menos se entiende cómo esto puede haber sido posible para los santos.

Cerrarse en esta cárcel es diferente a cerrarse en sí mismo; es, sin embargo, abrirse a los otros, al Ser, a la objetividad de las cosas. El contrario de lo que siempre han pensado los enemigos de la humildad cristiana. Es cerrarse al egoísmo, no en el egoísmo. Es la victoria sobre uno de los males que también la psicología moderna juzga fatal para la persona humana: el narcisismo. En esa celda, además, no penetra el enemigo. Un día, Antonio el Grande tuvo una visión; vio, en un momento, todos los lazos infinitos del enemigo en el suelo y dijo gimiendo: "¿Quién podrá evitar todos estos lazos? y escuchó una voz responderle: "¡Antonio, la humildad!"[10]. "Nada, escribió el autor de la Imitación de Cristo, conseguirá hacer exaltarse a aquel que está fijado firmemente en Dios"[11].

3. La humildad como servicio de amor

Hemos hablado de la humildad como verdad de la creatura delante de Dios. Paradójicamente lo que entretanto llena más de estupor el alma de Francisco no es la grandeza de Dios, sino su humildad. En las *Alabanzas al Dios Altísimo* que se conservan escritas por su puño y letra en Asís, entre las perfecciones de Dios – "Tú eres santo. Tú eres fuerte. Tú eres trino y uno. Tu eres amor, caridad. Tu eres sabiduría...", en un cierto momento Francisco añade una insólita: *Tú eres humildad.* No es un título puesto por equivocación. Francisco se ha aferrado a esta verdad profundísima sobre Dios que debería de llenarnos también a nosotros de estupor.

---

[10] Antonio, *Apophtegmata Patrum*, 7 (PG 65, 77).

[11] *Imitación de Cristo, II, cap. 10.*

Dios es humildad porque es amor. Delante de las creaturas humanas, Dios se encuentra desprovisto de cualquier posibilidad no solamente constrictiva, también defensiva. Si los seres humanos eligen, como han hecho, rechazar su amor, Él no puede intervenir autoritariamente para imponerse. No puede hacer otra cosa que respetar el libre arbitrio de los hombres. Los hombres podrán rechazarlo, eliminarlo: Él no se defenderá, dejará hacer. O mejor, su manera de defenderse y de defender a los hombres contra su mismo aniquilamiento será la de amar nuevamente y siempre, eternamente. El amor crea por su naturaleza dependencia, y la dependencia la humildad. Así es también, misteriosamente, en Dios.

El amor nos da, por lo tanto, la clave para entender la humildad de Dios: se necesita poco para hacer una muestra de poder, en cambio, se necesita mucho para hacerse a un lado y pasar desapercibido. Dios es ilimitada capacidad para esconderse, así se revela en la encarnación. La manifestación visible de la humildad de Dios es posible tenerla contemplando a Cristo que se pone de rodillas delante de sus discípulos para lavarles los pies -y podemos imaginar que esos pies estaban muy sucios- y aún más, cuando reducido a la más radical impotencia en la cruz, sigue amando sin nunca condenar.

Francisco ha acogido este nexo estrecho entre la humildad de Dios y la encarnación. Veamos aquí algunas de sus palabras de fuego:

"Ved que diariamente se humilla, como cuando desde el trono real descendió al seno de la Virgen; diariamente viene a nosotros El mismo en humilde apariencia, diariamente desciende del seno del Padre al altar en manos del sacerdote"[12].

"Oh sublime humildad. Oh humilde sublimidad: que el Señor del mundo, Dios e Hijo de Dios, se humille hasta el punto de esconderse, para nuestra salvación, bajo una pequeña forma de pan. Mirad

---

[12] *Admoniciones*, I (Escritos, 77).

hermanos, la humildad de Dios, y derramad ante Él vuestros corazones"[13].

Hemos descubierto así el segundo motivo de la humildad de Francisco: el ejemplo de Cristo. Es el mismo motivo que Pablo indicaba a los Filipenses cuando les recomendaba tener los mismos sentimientos de Cristo Jesús que se "humilló a sí mismo haciéndose obediente hasta la cru" (Fil 2 5.8). Antes de Pablo había sido Jesús quien invitó personalmente a los discípulos a imitar su humildad: "Aprended de mi que soy manso y humilde de corazón" (Mt 11, 29).

¿En qué nos podríamos interrogar? ¿Jesús nos dice que imitemos su humildad? ¿En qué fue humilde Jesús? Leyendo los evangelios no encontramos nunca ni siquiera la mínima admisión de culpa sobre la boca de Jesús, ni siquiera cuando conversa con el Padre. Esta es una de las pruebas más escondidas y convincentes sobre la divinidad de Cristo y de

---

[13] *Carta a toda la Orden* (*Escritos*, 66).

la absoluta unicidad de su conciencia. En ningún santo, en ningún personaje grande de la historia, ni en ningún fundador de religión, se encuentra tal conciencia de inocencia.

Todos reconocen, más o menos, haber cometido algún error y tener alguna cosa por la que pedir perdón, al menos a Dios. Gandhi, por ejemplo, tenía una conciencia muy aguda de haber, en algunas ocasiones, tomado posiciones equivocadas; tenía también sus remordimientos. Jesús nunca. Él puede decir dirigiéndose a sus adversarios: "¿Quién de vosotros me puede convencer del pecado?" (Jn 8, 46). Jesús se proclama *Maestro y Señor* (cf. Jn 13, 13), ser más que Abraham, que Moisés, que Jonás, que Salomón. ¿Dónde está por lo tanto la humildad del Señor, para poder decir: Aprended de mi que soy humilde?

Aquí descubrimos una cosa importante. La humildad no consiste principalmente en *ser pequeños*, porque se puede ser pequeños sin ser humildes; no consiste principalmente en *sentirse* pequeños, porque uno pude sentirse pequeño y serlo realmente y esta sería objetividad, pero no aún humildad; sin tomar en cuenta que además el sentirse pequeño e insignificante puede nacer también por un complejo de inferioridad y llevar a replegarse sobre sí mismo y a la desesperación más que a la humildad. Por lo tanto, la humildad, en el grado más perfecto, no está en ser pequeños, ni en sentirse pequeños, ni en proclamarse pequeños; está en el *hacerse* pequeño y no por cualquier necesidad o utilidad personal, sino por amor, para *elevar* a los demás.

Así fue la humildad de Jesús; Él se hizo pequeño hasta *anularse* incluso por nosotros. La humildad de Jesús es la humildad que baja desde Dios y que tiene su modelo supremo en Dios, no en el hombre. En la posición en la cual se encuentra, *Dios no puede elevarse*; nada existe por encima de Él. Si Dios sale de sí mismo y hace algo fuera de la Trinidad, esto no es para rebajarse y hacerse pequeño; solo puede ser por humildad, o como decían algunos Padres griegos, *synkatabasis*, o sea, por condescendencia.

San Francisco hace de la *hermana agua* el símbolo de la humildad, definiéndola *útil, humilde, preciosa* y *casta*. El agua, de hecho, nunca se *levanta*, nunca *asciende*, pero *desciende* hasta que llega al punto más bajo. El vapor sube y por lo tanto es el símbolo tradicional del orgullo y de la vanidad: el agua desciende y por lo tanto es el símbolo de la humildad.

Ahora sabemos qué quieren decir las palabras de Jesús: *Aprended de mi que soy humilde.* Es una invitación a hacernos pequeños por amor, a lavar, como Él, los pies de los hermanos. En Jesús vemos además la seriedad de esta opción. No se trata, de hecho, de descender y hacerse pequeño por un momento, como un rey que en su generosidad, de vez en cuando, se digna a descender entre el pueblo y quizás a servirlo en alguna cosa. Jesús se hace *pequeño* del mismo modo que se *hace carne*, o sea, establemente, hasta el fondo. Eligió pertenecer a la *categoría* de los pequeños y de los humildes.

Este nuevo rostro de la humildad se resume en una palabra: servicio: Un día -se lee en el Evangelio- los discípulos habían discutido entre ellos quién era *el más grande*. Entonces Jesús habiéndose sentado - como para dar mayor solemnidad a la lección que estaba por impartir - llamó a los doce y les dijo: "Si uno quiere ser el primero sea el último". Pero después explica en seguida que entiende por *último*: que sea el *siervo* de todos. La humildad proclamada por Jesús es por lo tanto servicio. En el Evangelio de Mateo, esta lección de Jesús es acompañada por un ejemplo: "justamente, como el Hijo del hombre que no vino para ser servido sino para servir" (Mt 20, 28).

4. Una Iglesia humilde

Alguna consideración práctica sobre la virtud de la humildad, tomada en todas sus manifestaciones, tanto respecto a Dios como respecto a los hombres. No debemos ilusionarnos de haber alcanzado la humildad solamente porque la palabra de Dios nos ha conducido a descubrir nuestra nada y nos ha mostrado que tiene que traducirse en servicio fraterno. En qué punto nos encontramos en materia de humildad, se ve cuando la iniciativa pasa de nosotros a los otros, o sea, cuando no solo nosotros reconocemos nuestros defectos y equivocaciones, sino que también los otros lo hacen, cuando no somos solamente nosotros capaces de decirnos la verdad, sino que también dejamos de buen grado que los otros nos la digan. Antes de reconocerse delante a fray Maseo como el más vil de los hombres, Francisco había aceptado en buena medida y por mucho tiempo, las mofas, considerado por amigos y parientes y por todo el pueblo de Asís como un ingrato, un exaltado, uno que no habría logrado hacer nada bueno durante su vida.

A qué punto estamos en la lucha contra el orgullo, se ve, en otras palabras, de acuerdo a cómo reaccionamos externa o internamente cuando nos contradicen, corrigen, critican, o nos dejan de lado. Pretender asesinar el propio orgullo golpeándolo nosotros solos, sin que nadie intervenga desde el exterior, es como usar el propio brazo para castigarse: nunca se hará verdaderamente mal a sí mismo. Es como si un médico quisiera extirparse su propio tumor.

Cuando yo busco que un hombre me de gloria por algo que digo o hago, es casi seguro que aquel que tengo delante busque recibir gloria de mi parte, por como escucha y por como responde. Y así sucede, que cada uno busca la propia gloria y nadie la obtiene para sí, y si acaso la obtiene, no es más que *vanagloria*, o sea, gloria vacía, destinada a disolverse en humo como la muerte. Pero el efecto es igualmente terrible; Jesús atribuía a la búsqueda de la propia gloria incluso la imposibilidad de creer. Decía a los fariseos: "¿Cómo podéis creer vosotros que pretendéis la gloria unos de otros y no buscáis la gloria que viene solamente de Dios?" (Jn 5, 44).

Cuando nos encontramos involucrados en pensamientos y aspiraciones de gloria humana, recordémonos, las palabras que

Jesús mismo usó y que nos dejó a nosotros: *Yo no busco mi gloria* (Jn 8, 50). La de la humildad es una lucha que dura toda la vida y se extiende a cada aspecto de ella. El orgullo es capaz de nutrirse, sea del mal que del bien; peor aún, al contrario de lo que sucede con los otros vicios, el bien, no el mal, es el terreno de cultivo preferido por este terrible *virus*.

Escribe con argucia el filosofo Pascal:

"La vanidad tiene raíces tan profundas en el corazón del hombre que un soldado, un siervo de milicias, un cocinero, un cargador, se enorgullece y pretende tener sus admiradores, y los mismos filósofos los quieren. Y los que escriben contra la vanagloria aspiran a la vanagloria de haber escrito bien, y quienes leen a la vanagloria de haberlos leídos; y yo que escribo esto nutro quizás el mismo deseo; y quienes me leerán quizás también"[14].

Para que el hombre no se *suba en soberbia*,

---

[14] B. Pascal, *Pensamientos*, n. 150. ed. Brunschvicg.

Dios lo fija al suelo con una especie de ancla; le pone al lado, como a san Pablo, un "mensajero de satanás que lo abofetea, una espina en la carne" (2 Cor 12,7). No sabemos exactamente que era para el Apóstol esta *espina en la carne,* ¡pero sabemos bien lo que es para nosotros! Cada uno que quiere seguir al Señor y servir a la Iglesia la tiene. Son situaciones humillantes de las cuales uno es llamado constantemente, a veces noche y día, a la dura realidad de lo que somos. Puede ser un defecto, una enfermedad, una debilidad, una impotencia, que el Señor nos deja, a pesar de todas las súplicas; una tentación persistente y humillante, quizás justamente la tentación de soberbia; una persona con la que uno está obligado a vivir y que, a pesar de la rectitud de ambas partes, tiene el poder de poner al desnudo nuestra fragilidad, de demoler nuestra presunción.

Pero la humildad no es sólo una virtud privada. Hay una humildad que tiene que resplandecer en la Iglesia como institución y Pueblo de Dios. Si Dios es humildad, también la Iglesia tiene que ser humildad; si Cristo ha servido, también la Iglesia debe servir, y servir por amor. Durante demasiado tiempo la Iglesia, en su conjunto, ha representado ante el mundo la *verdad* de Cristo, pero quizás no demasiado la *humildad* de Cristo. Y sin embargo, es con ésta, mejor que con cualquier apologética, con la que se aplacan las hostilidades y los prejuicios en su contra y se allana la vía para la acogida del Evangelio.

Hay un episodio de *Los Novios* de Manzoni que contiene una profunda verdad psicológica y evangélica. El capuchino Fray Cristóbal, terminado el noviciado, decide pedir perdón públicamente a los parientes del hombre que, antes de hacerse fraile, ha matado en un duelo. La familia se despliega en fila, formando una especie de horcas caudinas, de manera que el gesto resulte lo más humillante posible para el fraile y de mayor satisfacción para el orgullo de la familia. Pero cuando ven al joven fraile avanzar con la cabeza inclinada, arrodillarse ante el hermano del muerto y pedir perdón, cede la arrogancia, son ellos los que se sienten confundidos y los que piden perdón, hasta que al final todos se apiñan para besarle la mano y encomendarse a sus oraciones[15]. Son los milagros de la humildad.

En el profeta Sofonías, dice Dios: "Y dejaré en medio de ti un pueblo humilde y pobre, que confiará en el nombre del Señor". Esta palabra todavía es actual y quizás de ella dependa también el éxito de la evangelización en la que está involucrada la Iglesia.

Ahora soy yo el que, antes de terminar, me tengo que recordar a mi mismo una máxima querida por san Francisco. Él solía repetir:

"El emperador Carlos, Rolando y Oliverio y todos los paladines y valientes guerreros [...] consiguieron una victoria gloriosa y memorable [...] Son muchos los que buscan el honor y la alabanza de los hombres por la sola narración de estas gestas"[16].

---

[15] A. Manzoni, *Los Novios*, cap. IV.

[16] *Leyenda de Perusa* 103 (*Escritos*, 671).

Utilizaba este ejemplo para decir que los santos han practicado las virtudes y otros buscan la gloria con sólo contarlas[17].

Para no ser también uno de ellos, me esfuerzo por poner en práctica el consejo que daba un antiguo Padre del desierto, Isaac de Nínive, a aquel que se ve obligado por el deber a hablar de cosas espirituales que aún no ha alcanzado con su vida: "Habla de ellas, decía, como uno que pertenece a la clase de los discípulos y no con autoridad, tras haber humillado tu alma y haberte hecho más pequeño que cada uno de tus oyentes"[18]. Con este espíritu, Santo Padre, Venerables Padres, hermanos y hermanas, he osado hablarles de la humildad.

---

[17] *Admoniciones* VI (*Escritos*, 80).

[18] Isaac de Nínive, *Escritos ascéticos*, 4, Città Nova, Roma 1984, 89.

III

FRANCISCO DE ASÍS:
LA ENCARNACIÓN Y LOS POBRES

1. Greccio y la institución del pesebre

Todos conocemos la historia de Francisco en Greccio. Tres años antes de su muerte comenzó la tradición navideña del pesebre; pero es bonito recordarla, brevemente, en esta circunstancia. Así nos los describe Tomás de Celano:

> "Vivía en la comarca de Greccio un hombre, de nombre Juan, de buena fama y de mejor tenor de vida. Unos quince

días antes de la Navidad del Señor, el bienaventurado Francisco lo llamó y le dijo: Si quieres que celebremos en Greccio esta fiesta del Señor, date prisa en ir allá y prepara prontamente lo que te voy a indicar. Deseo celebrar la memoria del niño que nació en Belén y quiero contemplar de alguna manera con mis ojos lo que sufrió en su invalidez de niño, cómo fue reclinado en el pesebre y cómo fue colocado sobre heno entre el buey y el asno [...]. Se prepara el pesebre, se trae el heno y se colocan el buey y el asno. Allí la simplicidad recibe honor, la pobreza es ensalzada, se valora la humildad, y Greccio se convierte en una nueva Belén [...] El santo de Dios viste los ornamentos de diácono, pues lo era, y con voz sonora canta el santo evangelio. Su voz potente y dulce, su voz clara y bien timbrada, invita a todos a los premios supremos. Luego predica al pueblo que asiste, y tanto al hablar del nacimiento del Rey pobre como de la pequeña ciudad de Belén dice palabras que vierten miel"[1].

La importancia del episodio no está tanto en el hecho en sí mismo ni en la espectacular continuación que ha tenido en la tradición cristiana; está en la novedad que revela a propósito de la comprensión que el santo tenía del misterio de la encarnación. La insistencia demasiado unilateral, y a veces incluso obsesiva, sobre los aspectos ontológicos de la Encarnación (naturaleza, persona, unión hipostática, comunicación de los idiomas) había hecho perder de vista la verdadera naturaleza del misterio cristiano, reduciéndolo a un misterio especulativo, de formular con categorías cada vez más rigurosas, pero muy lejos del alcance de las personas.

Francisco de Asís nos ayuda a integrar la visión ontológica de la Encarnación, con la más existencial y religiosa. No importa, de hecho, saber solo que *Dios se ha hecho hombre*; importa también saber *que tipo de hombre se ha hecho*. Es significativo la

---

[1] Celano, *Primera vida*, 84-86 (*Escritos* 192 s).

forma distinta y complementaria en la que Juan y Pablo describen el evento de la encarnación. Para Juan, consiste en el hecho de que el Verbo que era Dios se ha hecho carne (cf. Jn 1, 1-14): para Pablo, consiste en el hecho de que "Cristo, siendo de naturaleza divina, ha asumido la forma de siervo y se ha humillado a sí mismo haciéndose obediente hasta la muerte" (cf. Fil 2, 5 ss). Para Juan, el Verbo, siendo Dios, se ha hecho hombre; para Pablo *Cristo, de rico que era, se ha hecho pobre* (cf. 2 Cor 8, 9).

Francisco de Asís se sitúa en la línea de san Pablo. Más que sobre la *realidad* ontológica de la humanidad de Cristo (en la cual cree firmemente junto a toda la Iglesia), insiste, hasta la conmoción, sobre la *humildad* y la *pobreza* de ésta. Dicen las fuentes, que había dos cosas que tenían el poder de conmoverlo hasta las lágrimas cada vez que oía hablar de ellas: la humildad de la encarnación y la caridad de la pasión[2]:

---

[2] Celano, *Ibidem*, 84 (*Escritos* 192).

"No recordaba sin lágrimas la penuria que rodeó aquel día a la Virgen pobrecilla. Una vez que se sentó a comer le dijo un hermano que la Santísima Virgen era tan pobrecilla, que a la hora de comer no tenía nada que dar a su Hijo. Oyendo esto el varón de Dios, suspiró con gran angustia, y, apartándose de la mesa, comió pan sobre la desnuda tierra"[3].

Francisco dio de nuevo así *carne y sangre* a los misterios del cristianismo a menudo *desencarnados* y reducidos a conceptos y silogismos en las escuelas teológicas y en los libros. Un estudioso alemán vio en Francisco de Asís aquel que ha creado las condiciones para el nacimiento del renacimiento del arte, en cuanto que disuelve personas y eventos sagrados de la rigidez estilizada del pasado y les confiere concreción y vida[4].

---

[3] Celano, *Segunda vida*, 151 (*Escritos*, 492).

[4] H. Thode, *Francisco de Asís y los inicios del arte del Renacimiento en Italia*, Berlín 1885.

2. La Navidad y los pobres

La distinción entre el *hecho* de la encarnación y el *modo* de ésta, entre su dimensión ontológica y la existencial, nos interesa porque arroja una luz singular sobre el problema actual de la pobreza y de la actitud de los cristianos hacia ella. Ayuda a dar un fundamento bíblico y teológico a la elección preferencial por los pobres, proclamada en el Concilio Vaticano II. Si de *hecho* por el hecho de la encarnación, el Verbo tiene, en cierto sentido, asumido a cada hombre, como decían ciertos Padres de la Iglesia, por el *modo* en el que ha sucedido la encarnación, Él ha asumido, de una forma particular, el pobre, el humilde, el que sufre, hasta el punto de identificarse con ellos.

Francisco de Asís tenía sobre este asunto un convencimiento muy fuerte. Para él, amor a Cristo y amor a los pobres y a la pobreza constituían una sola cosa. Un día a un compañero que había juzgado severamente un pobre, le dijo:

"Mira, cuando ves a un pobre, debes considerar en nombre de quién viene, o sea, de Cristo, el cual llevó sobre sí nuestra pobreza y nuestras enfermedades. La enfermedad y pobreza de este hombre es para nosotros como un espejo que nos ayuda a escudriñar y meditar piadosamente la enfermedad y pobreza que nuestro Señor Jesucristo sufrió en su cuerpo por nuestra salvación"[5].

Ciertamente, en el pobre no se tiene el mismo género de presencia de Cristo que se tiene en la Eucaristía o en otros sacramentos, pero se trata de una presencia también *real*. Él ha instituido este signo, como ha instituido la Eucaristía. Él que pronunció sobre el pan las palabras: *Esto es mi cuerpo*, dijo estas mismas palabras también sobre los pobres. Lo ha dicho hablando de lo que se ha hecho, o no se ha hecho, por el hambriento, el sediento, el prisionero, el desnudo y el exiliado, y declaró solemnemente: *me lo habéis hecho a mí, y no*

---

[5] *Espejo de perfección*, 37 (*Escritos*, 722).

me lo habéis hecho a mí. Esto de hecho equivale a decir: Esa persona realmente rota, necesitada de un poco de pan, ese anciano que moría entumecido por el frío sobre la acera, ¡era yo! "Los padres conciliares - escribió Jean Guitton, observador laico del Vaticano II - han redescubierto el sacramento de la pobreza, la presencia de Cristo bajo la especie de aquellos que sufren"[6].

No acoge plenamente a Cristo quien no está dispuesto a acoger al pobre con el que Él se ha identificado. Quien, al momento de la comunión, se siente lleno de fervor al recibir a Cristo, pero tiene el corazón cerrado a los pobres, se asemeja, diría san Agustín, a uno que ve venir de lejos un amigo que no ve desde hace años; lleno de alegría, corre hacia él, se pone de puntillas para besarle la frente, pero al hacerlo no se da cuenta que le está pisando con zapatos de clavos. Los pobres de hecho son los pies desnudos que Cristo tiene todavía posados sobre la tierra.

---

[6] J. Guitton, cit. por R. Gil, *Presencia de los pobres en el concilio*, "Proyección" 48 (1966) 30.

El pobre es también un vicario de Cristo, uno que toma el lugar de Cristo. Vicario, en sentido pasivo, no activo. No en ese sentido, es decir, que lo que hace el pobre es como si lo hiciera Cristo, si no en el sentido que lo que se le hace al pobre es como si se le hiciese a Cristo. Es verdad, como escribe san León Magno, que después de la ascensión, "todo lo que era visible de nuestro Señor Jesucristo ha pasado a las signos sacramentales de la Iglesia"[7], pero también es verdad que, desde el punto de vista existencial, esto ha pasado también en los pobres y en todos aquellos con los que él dijo: "Me lo habéis hecho a mí".

Veamos la consecuencia que deriva de todo esto en el plano de la eclesiología. Juan XXIII, en ocasión del Concilio, usó la expresión *Iglesia de los pobres*[8]. Esta expresión reviste un significado que va quizá más allá de lo que se entiende a primera vista. ¡La Iglesia de los pobres no está constituida solo por los pobres

---

[7] S. León Magno, *Discurso sobre la Ascensión*, 2 (PL 54, 398).

[8] In "Acta Apostolicae Sedis" 54, 1962, p. 682.

de la Iglesia! En un cierto sentido, todo los pobres del mundo, estén bautizados o no, le pertenecen. Su pobreza y sufrimiento es su bautismo de sangre. Si los cristianos son aquellos que han sido *bautizados en la muerte de Cristo* (Rom 6, 3), ¿quién está más bautizado en la muerte de Cristo que ellos?

¿Cómo no considerarles, en cierto modo, Iglesia de Cristo, si Cristo mismo les ha declarado su cuerpo? Ellos son *cristianos*, no porque se declaren pertenecientes a Cristo, sino porque Cristo les ha declarado pertenecientes a si mismo: ¡*Me lo habéis hecho a mí*! Si hay un caso en el que la controvertida expresión *cristianos anónimos* puede tener una aplicación plausible, es precisamente este de los pobres.

La Iglesia de Cristo es por tanto inmensamente más grande de lo que dicen las estadísticas actuales. No por decirlo así, sin más, si no, realmente. Ninguno de los fundadores de religiones se ha identificado con los pobres como lo ha hecho Jesús. Ninguno ha proclamado: "Todo lo que habéis hecho a uno solo de estos mis hermanos pequeños, me lo habéis hecho a mí" (Mt 25, 40), donde el hermano pequeño no indica solo el creyente en Cristo, sino como es admitido por todos, cada hombre.

De ello se desprende que el Papa, vicario de Cristo, es realmente el *padre de los pobres*, el pastor de este rebaño inmenso, y es una alegría y un estímulo para todo el pueblo cristiano ver cuánto este rol ha sido tomado en el corazón de los últimos Sumos Pontífices y de una forma particular del pastor que se sienta hoy en la cátedra de Pedro. Él es la voz más autorizada que se levanta en su defensa. La voz de los que no tienen voz. ¡Realmente no se ha olvidado de los pobres!

Lo que el Papa escribe, en la reciente exhortación apostólica, sobre la necesidad de no quedar indiferentes frente al drama de la pobreza en el mundo globalizado de hoy, me ha hecho venir a la mente una imagen. Nosotros tendemos a meter, entre nosotros y los pobres, dobles ventanas. El efecto de las dobles ventanas, muy usado hoy en los edificios, impide el paso del frió, del calor y del ruido, disuelve todo, hace llegar todo amortiguado, apagado. Y de hecho vemos a los pobres moverse, agitarse, gritar detrás de la pantalla de la televisión, en las páginas de los periódicos y de las revista misioneras, pero su grito nos llega como de muy lejos. No nos penetra en el corazón. Lo digo con mi propia confusión y vergüenza. La palabra: "¡los pobres!" provoca, en los países ricos, lo que provocaba en los antiguos romanos el grito "¡los bárbaros": el desconcierto, el pánico. Ellos se afanaban en construir murallas y en enviar ejércitos a las fronteras para mantenerlos a raya; nosotros hacemos lo mismo, de otros modos. Pero la historia dice que todo es inútil.

Lloramos y nos quejamos - ¡y con razón! - por los niños a quienes se impide nacer, ¿pero no hay que hacer lo mismo por los millones de niños que nacen y están condenados a muerte por el hambre, las enfermedades, niños que se ven obligados a ir a la guerra y matar a otros, por intereses a los qué no resultan extraños hombres de negocio de los países ricos? ¿No será porque los primeros pertenecen a nuestro continente y tienen nuestro mismo color, mientras que los segundos pertenecen a otro continente y tienen un color diferente? Protestamos - ¡y con mucha razón! - por los ancianos, los enfermos, los deformes ayudados (a veces forzados) a morir con la eutanasia; ¿pero no deberíamos hacer lo mismo por los ancianos que mueren congelados de frío o abandonados a su suerte? La ley liberal *vive y deja vivir* nunca debe convertirse en la ley de *vive y deja morir*, como, sin embargo, está sucediendo en el mundo.

Por supuesto, la ley natural es santa, pero es precisamente para tener la fuerza de aplicarla por lo que necesitamos recomenzar desde la fe en Jesucristo. San Pablo ha escrito: "Lo que la ley no podía, rendida impotente a causa de la carne, Dios lo hizo posible, enviando a su Hijo" (Rom 8, 3). Los primeros cristianos, con sus costumbres, ayudaron al Estado a cambiar sus leyes; los cristianos de hoy no podemos hacer lo contrario y pensar que es el Estado con sus leyes quien tiene que cambiar las costumbres de la gente.

3. Amar, auxiliar y evangelizar a los pobres

La primera cosa que es necesario hacer respecto a los pobres es, entonces, romper los cristales aislantes, superar la indiferencia y la insensibilidad. Debemos, como justamente nos exhorta el Papa, *darnos cuenta* de los pobres, dejarnos tomar por una sana inquietud ante su presencia en medio a nosotros, muchas veces a dos pasos de nuestra casa. Lo que debemos hacer en concreto por ellos lo podemos resumir en tres palabras: amarlos, auxiliarlos y evangelizarlos.

Amar a los pobres. El amor por los pobres es una de las características más comunes de la santidad católica. Para el mismo san Francisco, lo hemos visto en la primera meditación, el amor por los pobres, a partir de Cristo pobre, viene antes del amor a la pobreza y fue eso lo que le llevó a desposar la pobreza. Para algunos santos como san Vicente de Paul, la Madre Teresa de Calcuta y tantos otros, el amor por los pobres fue incluso el camino a la santidad, su carisma.

Amar a los pobres significa sobretodo respetarlos y reconocerles en su dignidad. En ellos, justamente, por la falta de otros títulos y distinciones secundarias, brilla con una luz más viva la radical dignidad del ser humano. En una homilía de Navidad hecha en Milán, el cardenal Montini decía: "La visión completa de la vida humana bajo la luz de Cristo ve en un pobre algo más que un necesitado; ve al hermano misteriosamente revestido de una dignidad que obliga a tributarle reverencia, a acogerlo con premura, a compadecerlo más allá del mérito"[9].

Pero los pobres no merecen solamente nuestra conmiseración, se merecen también nuestra admiración. Ellos son verdaderos

---

[9] Cf. *El Jesús de Pablo VI*, editado por V. Levi, Milán 1985, 61.

campeones de la humanidad. Cada año se distribuyen copas, medallas de oro, de plata, de bronce; al mérito, a la memoria o a los ganadores de torneos. Y quizás solamente porque han sido capaces de correr en una fracción menos de segundo que los otros, en los cien, doscientos, o cuatrocientos metros con obstáculos, o por saltar un centímetro más que los otros, o ganar un maratón o un torneo de slalom.

Y si uno observa los *saltos* mortales, los maratones y los slalom que los pobres son capaces de hacer no sólo una vez, sino durante toda la vida, los resultados de los más famosos atletas nos parecerían juegos de niños. ¿Qué es un maratón respecto, por ejemplo, a lo que hace un hombre rickshaw de Calcuta, que al final de la vida ha hecho a pie el equivalente a diversas vueltas al mundo, con un calor tremendo, transportando a uno o dos pasajeros por calles maltrechas, entre baches y pozos, zigzagueando entre los coches para no ser atropellado?

Francisco de Asís nos ayuda a descubrir un motivo aún más fuerte para amar a los pobres: el hecho de que ellos no son simplemente nuestros *similares* o nuestro *prójimo*: ¡son nuestros hermanos! Jesús había dicho: "Uno sólo es vuestro Padre celeste y vosotros sois todos hermanos" (cf. Mt 23, 8-9), pero esta palabra había sido entendida hasta ahora como dirigida solamente a sus discípulos. En la tradición cristiana, hermano en el sentido literal es solamente quien comparte la misma fe y ha recibido el mismo bautismo.

Francisco retoma la palabra de Cristo y le da un alcance universal, que es aquel que seguramente tenía en su mente también Jesús. Francisco ha puesto realmente a *todo el mundo en estado de fraternidad*[10]. Llama hermanos no solamente a sus frailes y a los compañeros de la fe, sino también a los leprosos, los ladrones, los sarracenos, o sea, creyentes y no creyentes, buenos o malos, especialmente a los pobres. Se trata de una

---

[10] P. Damien Vorreux, *San Francisco de Asís, Documentos*, París 1968, 36.

novedad absoluta que extiende el concepto de hermano y hermana también a las criaturas inanimadas: el sol, la luna, la tierra, el agua e incluso a la misma muerte. Esto, evidentemente, es poesía más que teología. El santo sabía bien que entre ellas y las criaturas humanas hechas a imagen de Dios, existe la misma diferencia que entre el hijo de un artista y las obras por él creadas. Pero es que el sentido de fraternidad universal del Pobrecillo no tiene confines.

La fraternidad es la contribución específica que la fe cristiana puede dar para reforzar en el mundo la paz y la lucha contra la pobreza, como sugiere el tema de la próxima Jornada Mundial de la Paz, *Fraternidad, fundamento y vía hacia la paz*. Si pensamos bien, ese es el único fundamento verdadero y no una veleidad. ¿Qué sentido tiene de hecho hablar de fraternidad y de solidaridad humana, si se parte de una cierta visión científica del mundo que conoce, como únicas fuerzas en acción en el mundo, "el caos y la necesidad"? Si se parte, en otras palabras, desde una visión filosófica como la de Nietzsche, según la cual el mundo no es más que voluntad de poder y cada intento de oponerse a dicho poder, es solamente el signo del resentimiento de los débiles contra los fuertes. Tiene razón quien dice que si el ser es solamente caos y fuerza, la acción que busca la paz y la justicia está destinada inevitablemente a quedarse sin fundamento[11]. Falta en este caso una razón suficiente para oponerse al liberalismo desenfrenado y a la *inequidad* denunciada con fuerza por el Papa en la exhortación *Evangelii Gaudium*.

Al deber de amar y respetar a los pobres, le sigue el de auxiliarlos. Quien nos encamina es el apóstol Santiago: ¿de qué nos sirve tener piedad delante de un hermano o una hermana sin vestidos y sin alimentos si les decimos: "¡Pobrecito, sufres mucho. Ve, caliéntate y sáciate!", si no le das nada de lo que necesita para calentarse y nutrirse? La compasión, como la fe, sin obras está muerta

---

[11] V. Mancuso, en *La Repubblica*, Viernes 4 de octubre de 2013.

(cf. St. 2, 15-17). Jesús en el juicio no dirá: *estaba desnudo y os compadecisteis*; sino, *estaba desnudo y me vestisteis*. No hay que echarle la culpa a Dios de la miseria del mundo, sino a nosotros mismos. Un día viendo a una niña que temblaba de frío y que lloraba por el hambre, un hombre lleno de rabia gritó: "Oh Dios, ¿dónde estás? ¿Por qué no haces algo por aquella criatura inocente?". Entonces una voz interior le respondió: ¡Claro que he hecho algo, te he hecho a ti! Y entendió inmediatamente.

Hoy, sin embargo, ya no es suficiente la simple limosna. El problema de la pobreza se ha vuelto planetario. Cuando los Padres de la Iglesia hablaban de los pobres pensaban en los pobres de su ciudad, o al máximo en los de la ciudad vecina. No conocían otra cosa si no muy vagamente y, por otra parte, si la hubieran conocido, hacer llegar ayudas hubiera sido aún más difícil, en una sociedad como aquella. Hoy sabemos que esto no es suficiente, a pesar de que nada nos dispensa de hacer lo que podamos también a este nivel individual.

El ejemplo de tantos hombres y mujeres de nuestro tiempo nos muestra que hay muchas cosas que se pueden hacer para socorrer, cada uno según sus propios medios y posibilidades, a los pobres y promover su elevación. Hablando del *grito de los pobres*, en la *Evangelica Testificatio*, Pablo VI decía de modo particular a nosotros los religiosos: "Invito a algunos de vosotros a unirse a los pobres en su condición, a compartir sus ansias punzantes. Invito, por otra parte, a no pocos de vuestros Institutos a convertir algunas de vuestras obras propias en espacios de servicio a los pobres"[12].

Eliminar o reducir el injusto y escandaloso abismo que existe entre ricos y pobres en el mundo es el deber más urgente y más ingente que el milenio que ha concluido hace poco ha entregado al nuevo milenio en el que hemos entrado. Esperamos que no sea todavía el

---

[12] Pablo VI, *Evangelica Testificatio*, 18 (Ench. Vatic., 4, 651).

problema número uno que el milenio presente deja en herencia al sucesivo.

Finalmente, *evangelizar a los pobres*. Esta fue la misión que Jesús reconoció como la suya por excelencia: "El Espíritu del Señor está sobre mí, me ha ungido para evangelizar a los pobres" (Lc 4, 18) y que indicó como signo de la presencia del Reino a los enviados por el Bautista: "A los pobres les es anunciada la buena noticia" (Mt 11, 15). No debemos permitir que nuestra mala conciencia nos empuje a cometer la enorme injusticia de privar de la Buena Noticia a aquellos que son los primeros y sus más naturales destinatarios. Tal vez, poniendo como excusa, el proverbio que dice el vientre hambriento no tiene oídos.

Jesús multiplicaba los panes junto con la Palabra, más bien administraba, a veces durante tres días seguidos la Palabra y después se preocupaba también de los panes. No sólo de pan vive el pobre, sino también de esperanza y de toda Palabra que sale de la boca de Dios. Los pobres tienen el derecho sacrosanto de escuchar el Evangelio en su totalidad, no en la edición abreviada o polémica; el Evangelio que habla del amor a los pobres, pero no del odio a los ricos.

4. Alegría en los cielos y alegría en la tierra

Terminamos en otro tono. Para Francisco de Asís, la Navidad no era sólo la oportunidad de llorar sobre la pobreza de Cristo; era también la fiesta que tenía la capacidad de hacer estallar toda la capacidad de alegrarse que había en su corazón, y era inmensa. En Navidad, literalmente, hacía locuras:

"Quería que en ese día los ricos diesen de comer en abundancia a los pobres y hambrientos y que los bueyes y los asnos tuviesen mas pienso y hierba de lo acostumbrado. Si llegare a hablar con el emperador - dijo -, le rogaré que dicte una disposición general por la que todos los pudientes estén obligados a arrojar trigo y grano por los caminos, para que en tan gran solemnidad las avecillas, sobre todo las hermanas alondras, tengan en abundancia"[13].

Se convertía como en uno de esos niños que están con los ojos llenos de admiración delante del portal de Belén. Durante la función navideña en Greccio, cuenta el biógrafo, que cuando pronunciaba el nombre Belén se llenaba la boca de voz y todavía más de tierno afecto, produciendo un sonido como el balar de la oveja. Y cada vez que decía Niño de Belén o Jesús, pasaba la lengua sobre los labios, como si gustara y saboreara en su paladar la dulzura de estas palabras[14].

Hay un canto navideño que expresa perfectamente los sentimientos de San Francisco delante del pesebre y no es de extrañar si tenemos en cuenta que ha sido escrito, letra y música, por un santo como él, san Alfonso María de Ligorio. Escuchándolo en el tiempo navideño, dejémonos conmover

---

[13] Celano, *Vida segunda*, 151 (*Escritos*, 492).

[14] Celano, *Vida primera*, 30 (*Escritos*, 93).

por su mensaje simple pero esencial:

> Bajas de las estrellas oh Rey del Cielo,
> y vienes a una gruta al frío y al hielo...
> A ti que eres del mundo el Creador,
> faltan vestidos y fuego, ¡oh mi Señor!
> Querido pequeño niño elegido,
> esta pobreza me enamora mucho más
> ya que el amor te hizo aún más pobre.

ÍNDICE

ZENIT Books

ZENIT Books es una iniciativa que tiene como objetivo aumentar las oportunidades de estar informado que ofrece ZENIT.

Al analizar el servicio que proporcionamos a través del E -mail, la Web (zenit.org) y las redes sociales, todo en 7 idiomas, nos dimos cuenta del inestimable valor de la información que contienen nuestros artículos. Información recopilada y almacenada por ZENIT desde que dio sus primeros pasos en la red. Para poner en valor todo este precioso material, ahora le proponemos un novedoso servicio: disponer del análisis, la selección y la recolección de los documentos más interesantes para nuestros lectores.

A través de ZENIT Books descubrirá nuevas obras de autores conocidos y "recién llegados". Se trata de un ambicioso proyecto de investigación, al que vamos a destinar nuestras energías, con el fin de brindarle las cuestiones más relevantes que se tratan en la agencia de forma periodística, y que a menudo merecen una mayor atención.

ZENIT Books supone una fuente alternativa de ingresos para ZENIT. Al comprar un libro producido por nosotros también está apoyando a toda la estructura de la agencia de noticias. Una agencia sin ánimo de lucro, formada por un equipo de profesionales y voluntarios.

La cobertura proporcionada por nuestro servicio de información está orientada principalmente a las actividades del Papa: viajes apostólicos, documentos, encuentros con jefes de Estado y personalidades destacadas en los ámbitos social, cultural y religioso.

También puede suscribirse de forma gratuita al servicio de noticias diarias de ZENIT en el siguiente enlace: http://accounts.zenit.org.

Para ser informado sobre otras iniciativas editoriales y nuevas publicaciones, por favor escribanos a bookinfo@zenit.org.

CPSIA information can be obtained at www.ICGtesting.com
Printed in the USA
LVOW04s1412070115

421872LV00019B/240/P